Made in the USA
Middletown, DE
03 August 2022

70509983R00057